Pitshou Moleka

Glossário de palavras técnicas em inovação

Pitshou Moleka

Glossário de palavras técnicas em inovação

ScienciaScripts

Imprint
Any brand names and product names mentioned in this book are subject to trademark, brand or patent protection and are trademarks or registered trademarks of their respective holders. The use of brand names, product names, common names, trade names, product descriptions etc. even without a particular marking in this work is in no way to be construed to mean that such names may be regarded as unrestricted in respect of trademark and brand protection legislation and could thus be used by anyone.

Cover image: www.ingimage.com

This book is a translation from the original published under ISBN 978-620-6-72130-7.

Publisher:
Sciencia Scripts
is a trademark of
Dodo Books Indian Ocean Ltd. and OmniScriptum S.R.L publishing group

120 High Road, East Finchley, London, N2 9ED, United Kingdom
Str. Armeneasca 28/1, office 1, Chisinau MD-2012, Republic of Moldova, Europe
Printed at: see last page
ISBN: 978-620-8-26370-6

PITSHOU MOLEKA, doutoramento

LÉXICO DE PALAVRAS TÉCNICAS NO DOMÍNIO DA INOVAÇÃO

INTRODUÇÃO

A Innovationology é um domínio em rápido crescimento que analisa em profundidade os processos, as práticas e os conceitos associados à inovação em todas as suas formas. Baseado no trabalho pioneiro do investigador Pitshou Moleka, este glossário dinâmico leva-o ao cerne das principais teorias, metodologias e questões que moldam a inovação contemporânea. Verdadeira ferramenta de referência para investigadores e profissionais, este glossário contém mais de uma centena de termos especializados, abrangendo um vasto espetro desde abordagens metodológicas a modelos económicos inovadores, dinâmicas organizacionais e questões societais. Cada definição é acompanhada de explicações pormenorizadas e, por vezes, de exemplos concretos para o ajudar a compreender a riqueza e a complexidade da inovação. Este glossário abre a porta a uma compreensão aprofundada dos ecossistemas de inovação à escala global. Deixe-nos guiá-lo numa emocionante exploração das novas fronteiras da inovação!

Adaptação automática: A capacidade de um sistema inteligente se ajustar dinamicamente a alterações no contexto ou no ambiente, com base na aprendizagem automática e na auto-otimização.

Agilidade organizacional: A capacidade de uma organização se adaptar rápida e eficazmente às mudanças no seu ambiente, incentivando a flexibilidade e a experimentação.

Agricultura sustentável: Práticas agrícolas que preservam o ambiente, garantem a segurança alimentar a longo prazo e o bem-estar social.

Agricultura inteligente face ao clima: Uma abordagem agrícola que visa aumentar a produtividade e a resiliência face às alterações climáticas.

Agroecologia: Uma abordagem integrada que aplica conceitos e princípios ecológicos à conceção e gestão de sistemas alimentares sustentáveis.

Anjos: Os anjos são investidores individuais que prestam apoio financeiro a empresas em fase de arranque em troca de uma participação na empresa. Contribuem também com os seus conhecimentos e redes de contactos para ajudar os empresários a ter sucesso.

Antecipação: Desenvolvida por futuristas como Bertrand de Jouvenel, a antecipação envolve a exploração sistemática de futuros possíveis. Exemplo: Cenários a longo prazo desenvolvidos pelo Centro de Resiliência de Estocolmo.

Antropologia da inovação: Um domínio emergente da antropologia que estuda os processos sociais, culturais e organizacionais envolvidos na inovação, a fim de compreender melhor a dinâmica da criação, adoção e difusão de inovações.

Aprendizagem ágil: Uma abordagem à aprendizagem e ao desenvolvimento de competências, conceptualizada por especialistas em formação, que incentiva a agilidade, a iteração e a adaptação contínua dos trabalhadores.

Arte algorítmica: Forma de arte digital em que as obras são concebidas e geradas através de algoritmos informáticos, explorando o potencial criativo da inteligência artificial. Frieder Nake, pintor e matemático, foi um dos pioneiros desta arte gerada por computador. As suas obras exploram as interações entre a matemática, a informática e a estética, desafiando as noções tradicionais de criatividade e autoria.

Distintivos e micro-certificações: são certificados digitais emitidos para reconhecer competências específicas, muitas vezes adquiridas informalmente ou como parte de uma formação em linha. Permitem um reconhecimento mais pormenorizado da aprendizagem.

Bem-estar no trabalho: Um conceito desenvolvido por especialistas em capital humano, que representa a qualidade de vida e o ambiente de trabalho que promove a realização e o desempenho dos trabalhadores.

Bio-inspiração ou **biomimética**: Uma abordagem à inovação que se inspira nos sistemas, processos e padrões existentes na natureza para conceber soluções sustentáveis e eficientes. O arquiteto Mick Pearce concebeu o centro comercial Eastgate em Harare, no Zimbabué, inspirando-se na termorregulação das térmitas.

Bionanotecnologia: Um domínio emergente que combina os princípios da biologia e da nanotecnologia, com o objetivo de desenvolver sistemas e materiais com propriedades inovadoras inspiradas nos organismos vivos.

Biónica: Disciplina que se inspira em formas, estruturas e processos biológicos para conceber objectos, máquinas ou sistemas inovadores.

Blockchain: Tecnologia descentralizada, segura e transparente de armazenamento e transmissão de informação que cria registos digitais invioláveis e garante a rastreabilidade das transacções. A plataforma de financiamento coletivo Kickstarter utiliza a cadeia de blocos para garantir as transacções entre criadores e contribuintes.

Índice de Prosperidade do Botswana: Um índice desenvolvido por Pitshou Moleka para medir a prosperidade sustentável, inclusiva e cultural no Botswana.

Burn-out: Conceito desenvolvido pelo psicanalista Herbert Freudenberger, que se refere a um estado de exaustão física, emocional e mental resultante do stress profissional crónico.

Capitalismo verde: Proposta de transformação do sistema capitalista para uma economia mais respeitadora do ambiente, teorizada por economistas como Paul Ekins. Exemplo: Iniciativas de "capitalismo verde" do Fundo Monetário Internacional.

Investigador-Empresário: Este conceito, desenvolvido por especialistas do Centro de Investigação Eudoxia, na Índia, refere-se a uma pessoa capaz de combinar as competências e os conhecimentos de um investigador e de um empresário, aliando o rigor científico à criatividade empresarial para desenvolver soluções inovadoras baseadas na investigação científica. Por exemplo, a empresa de biotecnologia Moderna foi fundada por investigadores académicos que foram capazes de transformar as suas descobertas em inovações revolucionárias.

Cirurgia robótica inteligente (Intuitive Surgical): A cirurgia robótica inteligente utiliza robôs cirúrgicos pilotados por um cirurgião, com a integração de inteligência artificial. Isto permite uma maior precisão, uma melhor visualização e uma recuperação mais rápida para os doentes.

A Intuitive Surgical desenvolveu o robô cirúrgico Da Vinci, que é utilizado numa vasta gama de procedimentos minimamente invasivos.

Sala de aula invertida: A sala de aula invertida é um modelo de ensino em que os alunos estudam previamente os conteúdos teóricos e, em seguida, utilizam o tempo de aula para actividades práticas, debates e resolução de problemas, com a orientação do professor.

Co-construção de políticas públicas: desenvolvimento de políticas em estreita colaboração com cidadãos e utilizadores.

Co-criação: um conceito promovido por especialistas em inovação aberta, este processo de colaboração entre diferentes partes interessadas permite conceber e desenvolver soluções inovadoras, tirando o máximo partido das suas ideias, necessidades e feedback. A LEGO lançou plataformas de co-criação com os seus utilizadores para desenvolver novos conjuntos de jogos.

Co-evolução: Processo de inovação em que as inovações e o seu ambiente co-evoluem dinamicamente, influenciando-se mutuamente. Por exemplo, o aparecimento das tecnologias digitais levou à co-evolução dos modelos de negócio das empresas para se adaptarem a estas novas oportunidades.

Competências do século XXI e competências transversais: as competências do século XXI englobam as competências transversais e o saber-fazer essenciais para o sucesso num mundo em rápida mutação: pensamento crítico, criatividade, comunicação, colaboração, literacia digital, aprendizagem autónoma, etc. Estas "competências transversais" são cada vez mais valorizadas pelos empregadores.

Competências transdisciplinares: conceito desenvolvido por especialistas em formação para designar competências e aptidões genéricas (comunicação, resolução de problemas, criatividade, etc.) que podem ser transferidas para diferentes contextos profissionais.

Conceção centrada no ser humano: Uma metodologia de conceção que coloca as necessidades, capacidades e aspirações dos utilizadores no centro do processo de inovação. Tem por objetivo desenvolver soluções que se adaptem e sejam aceites pelos utilizadores finais.

Design orientado para a experiência: Abordagem de design centrada na criação de experiências de utilização enriquecedoras e significativas. Centra-se na interação, emoção e envolvimento do utilizador.

Design distribuído: Processo de design colaborativo que envolve vários intervenientes interligados a uma escala local ou global. Promove a inovação aberta e a co-criação através de redes digitais.

Conceção orientada para a função: Metodologia de inovação centrada na definição das funções esperadas de um produto ou sistema, em vez das suas caraterísticas técnicas, conduzindo a soluções mais inovadoras.

Crowdfunding: um método de financiamento participativo, teorizado por especialistas em empreendedorismo, em que um grande número de pessoas investe pequenas quantias num projeto ou negócio, permitindo aos empresários angariar fundos sem passar pelos investidores tradicionais. A plataforma Kickstarter popularizou este modelo de financiamento colaborativo.

Crowdsourcing: A prática, descrita por Jeff Howe, de subcontratar tarefas tradicionalmente realizadas internamente a um grupo de pessoas ou a uma comunidade em linha, aproveitando assim a inteligência colectiva e reduzindo os custos de produção. Por exemplo, o sítio Web da Wikipédia baseia-se no crowdsourcing para criar e editar o seu conteúdo.

Ciclo de vida da inovação: As fases sucessivas pelas quais passa uma inovação, desde a conceção até à difusão e adoção generalizadas, um conceito desenvolvido por investigadores da gestão da inovação. O modelo de ciclo de vida de um produto inovador inclui geralmente as fases de exploração, introdução, crescimento, maturidade e declínio.

Tomada de decisões públicas digitais: integração de dados e ferramentas digitais na tomada de decisões.

Design de ficção: Prática criativa que utiliza cenários fictícios para imaginar potenciais novos produtos, serviços ou modelos de negócio. Explora as implicações sociais, éticas e tecnológicas de futuras inovações.

Conceção paramétrica: Método de conceção assistido por computador que gera formas a partir de parâmetros e algoritmos. Permite a exploração iterativa de uma grande variedade de possibilidades de conceção.

Design para a mudança: Prática de design que aborda problemas complexos e sistémicos, com vista a promover transformações positivas. Implica frequentemente uma abordagem interdisciplinar e uma colaboração estreita com as partes interessadas.

Design regenerativo: Uma abordagem de design que visa criar sistemas, produtos e serviços que restauram, regeneram e reabastecem os ecossistemas naturais. Inspirado nos princípios da permacultura e da economia circular.

Design sprint: Uma metodologia de conceção acelerada que permite resolver problemas complexos num período de apenas uma semana. Incentiva a ideação rápida, o teste rápido de protótipos e a tomada de decisões ágeis.

Design Thinking: Um método de resolução de problemas, popularizado pelos designers da IDEO, centrado na empatia, na criatividade e na iteração rápida, destinado a conceber soluções inovadoras, colocando o utilizador no centro do processo de conceção.

Design transdisciplinar: Uma abordagem que transcende as fronteiras disciplinares tradicionais para resolver problemas complexos de uma forma holística. Incentiva a colaboração entre especialistas de diferentes domínios para criar soluções inovadoras.

Desenvolvimento à escala humana: uma abordagem proposta pelo economista chileno Manfred Max-Neef, que centra o desenvolvimento nas necessidades fundamentais e na realização dos indivíduos.

Desenvolvimento de competências: conceito teorizado por especialistas em formação e gestão de recursos humanos, que representa os processos através dos quais os trabalhadores reforçam e adquirem novas competências.

Diversidade cognitiva: Um conceito teorizado por investigadores da inovação, que representa a diversidade de perspectivas, experiências e formas de pensar dentro de uma equipa ou grupo, promovendo a criatividade e a inovação. Empresas como a Google investem na diversidade das suas equipas para estimular a inovação.

Diversidade e inclusão: Conceitos teorizados por investigadores como Rohini Anand, que promovem a valorização das diferenças individuais (género, origem, deficiência, etc.) nas empresas.

e-Administração (administração eletrónica) : Digitalização dos processos e procedimentos administrativos internos.

Conceção ecológica: integração de considerações ambientais na conceção de produtos.

Comércio eletrónico sustentável: práticas de comércio eletrónico que minimizam o impacto ambiental, económico e social.

Democracia eletrónica : Utilização da tecnologia digital para facilitar a participação dos cidadãos.

Economia circular: Modelo económico, desenvolvido por especialistas em desenvolvimento sustentável, que visa reduzir, reutilizar, reciclar e recuperar recursos e resíduos, a fim de promover um ciclo de vida contínuo e sustentável para produtos e materiais. A Patagonia comprometeu-se a adotar uma abordagem de economia circular, recuperando e reciclando o seu vestuário usado.

Economia comportamental: A economia comportamental analisa o impacto dos factores psicológicos, emocionais e sociais na tomada de decisões económicas dos indivíduos. Richard Thaler, um economista comportamental, destacou os preconceitos cognitivos e as heurísticas que influenciam as escolhas económicas, pondo em causa o modelo do homem económico racional. O seu trabalho tem aplicações nas políticas públicas e no marketing.

Economia de contribuição: Um modelo económico, teorizado por pensadores como Jeremy Rifkin, que valoriza as contribuições voluntárias dos indivíduos (tempo, conhecimento, criatividade) dentro das comunidades. A Wikipédia é um exemplo emblemático, baseado no trabalho colaborativo dos seus colaboradores voluntários.

Economia funcional: Modelo económico, desenvolvido por especialistas em economia sustentável, baseado na venda de um serviço de utilização e não na venda de produtos, promovendo a economia circular.
A Michelin oferece soluções de mobilidade baseadas na subscrição e não na venda de pneus.

Economia social e solidária: Conceito desenvolvido por pensadores como Karl Polanyi e Serge Latouche, que sublinha formas de economia baseadas na cooperação, na solidariedade e no primado das pessoas sobre o capital.

Ecoespiritualidade: Uma escola de pensamento que integra perspectivas espirituais, ecológicas e holísticas para repensar a nossa relação com a natureza e conceber inovações mais sustentáveis.

Ecossistema de inovação: uma rede de actores interdependentes (empresas, empresas em fase de arranque, universidades, investidores, etc.) que interagem e colaboram para incentivar o aparecimento e a difusão de inovações.

Ecoturismo: Uma forma de turismo centrada na descoberta e preservação da natureza e das comunidades locais.

Educação 5.0: A educação 5.0 distingue-se dos modelos educativos tradicionais ao centrar-se no desenvolvimento das competências do século XXI. O seu objetivo é desenvolver indivíduos capazes de inovar, resolver problemas complexos e adaptar-se às rápidas mudanças do nosso tempo.

Principais caraterísticas do Education 5.0 :

- Aprendizagem baseada na resolução de problemas da vida real e na conceção de soluções inovadoras.
- Métodos de ensino activos e colaborativos que incentivam a criatividade, o pensamento crítico e o empreendedorismo.
- Integração rigorosa das tecnologias digitais para facilitar o acesso à informação e a colaboração.
- Ligações mais fortes entre a educação e o sector produtivo, para alinhar melhor a formação com as necessidades do mercado de trabalho.
- Desenvolver competências interdisciplinares como a comunicação, a tomada de decisões e o trabalho em equipa.

Educação 6.0: Desenvolvida pelo investigador congolês Pitshou Moleka, a educação 6.0 vai mais longe do que a educação 5.0, integrando dimensões espirituais, emocionais e humanistas no processo de aprendizagem. O seu objetivo é formar indivíduos com uma inteligência global, capazes de dar sentido à sua existência e de contribuir de forma ética e responsável para a transformação da sociedade.

Principais caraterísticas do Education 6.0 :

- Desenvolver a inteligência emocional e espiritual dos alunos.
- Aprendizagem baseada em valores, na ética e na procura de significado.
- Métodos de ensino holísticos que envolvem as dimensões física, criativa e contemplativa.
- Ênfase no bem-estar, no desenvolvimento pessoal e na

responsabilidade social.

- Ligações estreitas entre educação, inovação social e desenvolvimento sustentável.
- Abordagem transdisciplinar e co-construção de conhecimentos com as partes interessadas.

Effectuation: Uma abordagem empresarial, desenvolvida por Saras Sarasvathy, baseada nos meios e recursos disponíveis e não em objectivos pré-determinados, que incentiva a inovação. O empreendedor do tipo "faça você mesmo", que se adapta às oportunidades à medida que elas surgem, é a personificação desta abordagem de efeito.

Administração pública eletrónica : A utilização de tecnologias digitais para melhorar a prestação de serviços públicos.

Empowerment: Conceito desenvolvido pelos teóricos da gestão participativa, que se refere ao processo de capacitação dos trabalhadores nas empresas.

Pegada ecológica: Indicador desenvolvido por William Rees e Mathis Wackernagel, que mede a pressão exercida pelas actividades humanas sobre os ecossistemas.

Energia renovável: Fontes de energia derivadas de processos naturais, como o sol, o vento ou a água, desenvolvidas para reduzir a dependência dos combustíveis fósseis.

Entreprecheur: Este conceito, desenvolvido por Pitshou Moleka, refere-se a uma pessoa capaz de conjugar as competências e os conhecimentos do empresário e do investigador, combinando a criatividade empresarial e o rigor científico para desenvolver soluções inovadoras baseadas na investigação científica.

Empreendedorismo social: Prática empresarial destinada a resolver problemas sociais, a melhorar o bem-estar coletivo e a criar um impacto positivo na sociedade, um conceito promovido por pioneiros como Muhammad Yunus e o seu modelo de microfinanciamento. A empresa social Grameen Bank é um exemplo emblemático.

Participação eletrónica : Envolvimento dos cidadãos nos processos de tomada de decisão através de meios digitais.

Equilíbrio trabalho/vida pessoal: conceito desenvolvido por investigadores da psicologia organizacional para promover uma melhor conciliação entre as diferentes esferas da vida dos trabalhadores.

Equidade salarial: Princípio da igualdade de remuneração entre homens e mulheres por trabalho igual, teorizado por especialistas em direito do trabalho e diversidade. Exemplo: Muitos países adoptaram legislação em matéria de igualdade salarial, como em França com o índice de igualdade profissional.

Ética da inovação: Reflexão sobre as questões éticas ligadas ao desenvolvimento e à utilização das inovações, nomeadamente em termos de responsabilidade social, equidade, confidencialidade dos dados e impacto ambiental.

Experiência do trabalhador: conceito teorizado por especialistas em recursos humanos e marketing, que visa melhorar a experiência e o bem-estar do trabalhador na empresa, à semelhança da experiência do cliente.

Experiência do utilizador (UX): Disciplina, desenvolvida por especialistas em ergonomia e design, que visa conceber experiências digitais ou físicas agradáveis, intuitivas e adaptadas às necessidades dos utilizadores. A Apple estabeleceu-se como líder na experiência do utilizador graças à conceção meticulosa dos seus produtos.

Escalável: Caraterística de um sistema ou serviço que pode ser facilmente alargado, desenvolvido ou reproduzido sem perda de desempenho.

Escalabilidade: A capacidade de um sistema, serviço ou solução se adaptar e aumentar a sua escala para responder a uma procura crescente.

Retenção de trabalhadores: conceito desenvolvido por especialistas em gestão de recursos humanos, que representa as estratégias adoptadas pelas empresas para reter os seus trabalhadores mais bem sucedidos e empenhados.

Fintech: Utilização da tecnologia para inovar no sector dos serviços financeiros, criando soluções para simplificar as transacções, otimizar a gestão do património ou oferecer serviços de empréstimo em linha, um conceito impulsionado por empresários e especialistas financeiros.

Futuribles: Termo cunhado por Bertrand de Jouvenel, referindo-se a futuros possíveis e plausíveis. Exemplo: Trabalho da Associação

Internacional de Futuribles.

Gamificação da aprendizagem: A gamificação consiste na integração de elementos lúdicos (pontos, distintivos, classificações, etc.) em ambientes de aprendizagem, a fim de estimular a motivação, o empenho e o envolvimento ativo dos alunos.

Engenharia metabólica: Disciplina da engenharia genética que consiste em reprogramar o metabolismo dos organismos vivos (bactérias, leveduras, algas, etc.) para os fazer produzir novas moléculas ou compostos de interesse.

Gestão da mudança : Uma abordagem estratégica, teorizada por especialistas em gestão, destinada a apoiar as transformações organizacionais de forma eficaz e sustentável. Exemplo: Na Michelin, a gestão da mudança é essencial para apoiar os desenvolvimentos relacionados com a transição ecológica.

Gestão de competências: uma abordagem desenvolvida por peritos em recursos humanos, destinada a identificar, melhorar e desenvolver as competências individuais e colectivas numa organização.

Gestão das gerações: Abordagem teorizada por especialistas em recursos humanos, destinada a ter em conta as diferenças e as expectativas das diferentes gerações presentes numa organização.

Gestão de talentos: Uma abordagem estratégica desenvolvida por especialistas em recursos humanos, com o objetivo de atrair, reter, desenvolver e promover os melhores talentos dentro de uma organização. Exemplo: A Microsoft criou um programa de gestão de talentos para identificar e formar os seus futuros líderes.

Gestão previsional dos empregos e das competências (GPEC): Uma abordagem estratégica, conceptualizada por especialistas em recursos humanos, que visa antecipar as mudanças nos empregos e nas competências numa organização. Exemplo: Uma empresa pode criar uma GPEC para apoiar a transformação digital das suas actividades.

Globalização inversa: a tendência, observada pelos investigadores da inovação, de desenvolver soluções inovadoras nos países emergentes e de as difundir depois nos mercados desenvolvidos. O modelo de microfinanciamento do Grameen Bank, originalmente desenvolvido no Bangladesh, é um exemplo disso.

Hermenêutica digital: A hermenêutica digital refere-se à utilização de métodos interpretativos específicos das ciências humanas para analisar e compreender artefactos, dados e processos digitais.
Os princípios da hermenêutica digital incluem :
- Reconhecimento da natureza contextual e situada da compreensão dos fenómenos digitais.
- Ter em conta a dimensão subjectiva e interpretativa na análise dos dados.
- A abordagem iterativa e dialógica da construção de sentido.
- Reflexão sobre os pressupostos e preconceitos induzidos pelas ferramentas e metodologias digitais.

Exemplos de aplicações:
- Análise da dimensão social e cultural das tecnologias da informação.
- Estudo da forma como os indivíduos e as comunidades se

apropriam da tecnologia digital.

- Compreensão das questões éticas e políticas associadas à utilização da tecnologia digital.

Horizontes temporais: conceito que tem em conta as diferentes escalas temporais na previsão, teorizado por autores como Michel Godet.

Humanidade aumentada: Um conceito que explora formas de melhorar as capacidades físicas, cognitivas e psicológicas dos seres humanos utilizando a tecnologia. Levanta questões éticas e filosóficas sobre a natureza do ser humano.

Humanidades digitais: as humanidades digitais são um domínio emergente que explora a intersecção entre as disciplinas das humanidades e das ciências sociais (história, literatura, linguística, filosofia, etc.) e as tecnologias digitais. Refere-se à utilização de ferramentas e métodos digitais para o estudo, análise e representação de dados no domínio das humanidades e das ciências sociais. O seu objetivo é enriquecer a compreensão destas disciplinas através da contribuição da tecnologia digital.

As aplicações incluem a análise de textos e corpus em grande escala (extração de textos, visualização); a exploração de bases de dados e arquivos digitais; e a modelização e simulação de fenómenos sociais e históricos.

Incubadora: Um espaço de trabalho partilhado onde os empresários podem desenvolver as suas ideias e projectos, beneficiando frequentemente de aconselhamento, formação e recursos para os ajudar a crescer e a desenvolver-se.

Índice Global de Inovação (GII) : Métrica composta utilizada para medir e comparar o desempenho dos países em matéria de inovação.

Computação quântica: Uma nova abordagem à computação que explora os fenómenos quânticos (sobreposição, emaranhamento, etc.) para criar computadores capazes de resolver determinados problemas de forma exponencialmente mais rápida do que os sistemas convencionais.

Engenharia de sistemas sociotécnicos: Disciplina que estuda a interação entre as componentes técnicas e sociais de sistemas complexos, a fim de conceber inovações adaptadas ao seu ambiente organizacional e humano.

Engenharia de sistemas: Abordagem de inovação que se centra na conceção e integração de sistemas de sistemas interligados e interdependentes, com o objetivo de obter um desempenho global.

Inovação ascendente : Processo de inovação iniciado por utilizadores finais ou comunidades, respondendo às suas necessidades específicas e co-criando soluções relevantes e adaptadas, um conceito teorizado por especialistas em inovação aberta. O modelo da Wikipédia, baseado nas contribuições dos seus utilizadores, ilustra este tipo de inovação ascendente.

Inovação contemplativa: Uma abordagem inovadora inspirada em práticas contemplativas (meditação, atenção plena, etc.) para incentivar a criatividade, a resolução de problemas e a tomada de decisões.

Inovação descendente : Um processo de inovação iniciado pelas equipas de gestão ou de I&D de uma organização, frequentemente orientado por uma estratégia de inovação, um conceito desenvolvido por investigadores de gestão da inovação. A inovação do smartphone iPhone da Apple é um exemplo emblemático de inovação descendente.

Inovação disruptiva: Inovação radical que perturba mercados estabelecidos, modelos de negócio tradicionais ou práticas existentes através da introdução de soluções novas, originais e frequentemente de elevado desempenho, um conceito teorizado por Clayton Christensen. A chegada da Netflix ao mercado do vídeo a pedido perturbou a indústria do DVD.

Inovação ética: Desenvolvimento de soluções inovadoras que respeitam elevados padrões éticos, protegem a privacidade, promovem a inclusão social e contribuem para a sustentabilidade ambiental, um conceito promovido por especialistas em inovação responsável. A Fairphone, por exemplo, concebe smartphones éticos e sustentáveis.

Inovação fractal: Criar soluções inovadoras utilizando modelos fractais, caracterizados pela repetição de um padrão a diferentes escalas, para conceber sistemas complexos e adaptativos, um conceito explorado pelos investigadores da biomimética. A arquitetura biomórfica é inspirada por estas estruturas fractais.

Inovação frugal: Conceber produtos ou serviços simples, baratos e acessíveis para satisfazer as necessidades das populações com baixos rendimentos, desenvolvendo soluções económicas, sustentáveis e eficazes com recursos limitados. O Tata Nano, um automóvel de muito baixo custo concebido na Índia, encarna esta abordagem de inovação frugal.

Inovação holística: Adotar uma abordagem global à inovação, integrando as dimensões social, económica, ambiental e cultural no processo de conceção e implementação de soluções inovadoras, um conceito desenvolvido por pensadores da inovação sustentável. As iniciativas de cidades inteligentes e sustentáveis fazem parte desta abordagem holística da inovação.

Inovação inclusiva: Conceber soluções inovadoras que tenham em conta as necessidades e perspectivas de todas as pessoas, incluindo grupos marginalizados ou sub-representados, como os povos indígenas e as pessoas com deficiência.

Inovação incremental: Melhoria gradual e contínua de um produto, serviço ou processo existente, através de alterações, ajustamentos ou adições incrementais para aumentar o valor, a eficácia ou a relevância da inovação inicial, um conceito desenvolvido por investigadores da gestão da inovação. As sucessivas actualizações de smartphones ilustram este tipo de inovação incremental.

Inovação meta-cognitiva: A capacidade dos indivíduos e das organizações de reflectirem criticamente sobre o seu próprio processo de inovação, de aprenderem com os seus sucessos e fracassos e de se adaptarem em conformidade para progredirem. Este conceito tem sido explorado por especialistas em aprendizagem organizacional. Empresas inovadoras como a 3M incentivam esta postura meta-cognitiva entre os seus empregados.

Inovação neural: Conceção de processos de inovação inspirados no funcionamento do cérebro humano para incentivar a ligação, a criatividade, a aprendizagem contínua e a adaptabilidade face a mudanças rápidas no ambiente, um conceito desenvolvido por investigadores em neurociência e ciências cognitivas. Os métodos de design thinking baseiam-se nesta abordagem de inovação neural.

Inovação aberta : Conceito desenvolvido por Henry Chesbrough, que representa uma abordagem estratégica destinada a integrar no processo de inovação ideias, tecnologias e competências provenientes do exterior da organização. Por exemplo, a Procter & Gamble adoptou uma estratégia de inovação aberta, estabelecendo parcerias com empresas em fase de arranque e universidades para acelerar o desenvolvimento de novos produtos. Este modelo combina recursos internos com inovações externas para aumentar a capacidade de inovação da empresa.

Inovação quântica: Este conceito, explorado por investigadores de física quântica, explora as potenciais aplicações da física quântica no domínio da inovação, como a segurança das comunicações ou o desenvolvimento de novos materiais revolucionários. Por exemplo, empresas em fase de arranque como a IQM estão a trabalhar na conceção de computadores quânticos capazes de resolver problemas complexos de forma muito mais rápida e eficiente do que os supercomputadores actuais. A inovação quântica abre caminho a inovações disruptivas em muitos domínios.

Inovação social: Um conceito popularizado por pensadores como Muhammad Yunus, estas soluções inovadoras visam resolver problemas sociais, melhorar o bem-estar coletivo e promover a inclusão. Por exemplo, o Grameen Bank desenvolveu um modelo inovador de microfinanciamento que dá às pessoas mais pobres do Bangladesh acesso ao crédito, contribuindo assim para a sua capacitação económica. A inovação social caracteriza-se pela sua finalidade de interesse público e pelo seu objetivo de ter um impacto positivo na sociedade.

Inovação xenosófica: Este conceito, desenvolvido pelo inovador Pitshou Moleka, incentiva-nos a estar abertos a ideias e perspectivas fora do nosso próprio quadro cultural de referência, a fim de alimentar a nossa criatividade, alargar a nossa visão e estimular a inovação através da diversidade de ideias. Por exemplo, as empresas que se inspiram em práticas inovadoras de diferentes culturas, como os círculos de discussão japoneses ou as comunidades de partilha africanas, podem desenvolver soluções mais originais e adaptadas à diversidade dos seus mercados globais.

Innovationology: a ciência emergente desenvolvida através do trabalho do investigador Pitshou Moleka, que estuda em profundidade os processos, práticas, teorias e conceitos relacionados com a inovação em todas as suas formas.

Inteligência artificial: Um domínio da ciência da computação, teorizado por pioneiros como Alan Turing, que estuda e desenvolve sistemas capazes de realizar tarefas que normalmente requerem inteligência humana, como o reconhecimento de voz ou a previsão de tendências. Por exemplo, os assistentes virtuais, como a Siri ou a Alexa, baseiam-se na inteligência artificial para interagir naturalmente com os utilizadores, compreendendo a sua linguagem e dando respostas adequadas. A IA permite automatizar e otimizar muitos processos inovadores.

Inteligência artificial generativa: IA capaz de gerar autonomamente novos conteúdos (texto, imagens, sons, etc.). Abre novas perspectivas criativas e a produção de conteúdos inovadores.

Inteligência colectiva: Um conceito filosófico e teológico que vê a inteligência como uma propriedade emergente das interações e sinergias entre indivíduos, comunidades e sistemas complexos, com implicações para a inovação.

Inteligência de utilização: conceito desenvolvido por especialistas em ergonomia e design, que sublinha a necessidade de ter em conta, em profundidade, as necessidades, utilizações e experiências dos utilizadores finais no processo de inovação. Na Apple, por exemplo, as equipas de design passam muito tempo a observar e a compreender o comportamento dos utilizadores, de modo a conceber produtos intuitivos e agradáveis de utilizar. Esta abordagem centrada no utilizador significa que podem ser desenvolvidas inovações que são relevantes e adaptadas a utilizações da vida real.

Inteligência emocional: A inteligência emocional refere-se à capacidade de um indivíduo para compreender, gerir e utilizar as emoções de forma construtiva. Engloba a auto-consciência, a regulação das emoções, a motivação, a empatia e as competências sociais. Caraterísticas da inteligência emocional :

- Autoconsciência: conhecer as suas próprias emoções, pontos fortes e fracos.

- Autorregulação: A capacidade de controlar e canalizar as emoções de forma adequada.
- Motivação: A energia interior que nos leva a agir e a para a realização.
- Empatia: A capacidade de compreender e sentir as emoções dos outros.
- Competências sociais: capacidade de estabelecer e manter relações positivas e construtivas.

Inteligência espiritual ou quociente espiritual: A inteligência espiritual refere-se à capacidade de um indivíduo dar sentido e profundidade à sua existência, de transcender o material para aceder a dimensões mais amplas e mais elevadas da realidade. Caracteriza-se por uma procura de sentido, uma ligação interior, uma consciência elevada e uma sabedoria que orienta a ação. Elementos-chave da inteligência espiritual :
- Procura de sentido: A procura de objetivo, significado e vocação na existência.
- Transcendência: A capacidade de se elevar para além do eu limitado em direção a realidades mais amplas e profundas.
- Ligação interior: Uma ligação profunda com a sua própria fonte de inspiração e sabedoria interior. - Discernimento: A capacidade de perceber a verdade e a realidade essencial para além das aparências.
- Sabedoria: Conhecimento profundo e uma compreensão esclarecida das coisas.
- Integridade: O alinhamento entre valores, pensamentos e acções.
- Unidade: O reconhecimento da interdependência e da ligação de todas as coisas.

Inteligência territorial: explorar os dados e as redes para o desenvolvimento local.

Interfaces cérebro-computador: Sistemas que permitem a comunicação direta entre o cérebro humano e os dispositivos electrónicos. Oferecem novas possibilidades de interação, controlo e melhoramento das capacidades humanas.

Factores de inovação: Recursos e condições favoráveis à inovação (instituições, capital humano, etc.).

Intra-empreendedorismo: A prática de apoiar o espírito empresarial dentro de uma empresa, permitindo que os empregados desenvolvam e implementem projectos inovadores. Por exemplo, o programa de intra-empreendedorismo da 3M permitiu que os empregados criassem novas actividades que geraram milhares de milhões de dólares em vendas para a empresa. Esta abordagem promove o empreendedorismo interno e uma cultura de inovação nas organizações.

Intra-empreendedorismo inverso: Conceito que descreve o processo pelo qual as inovações desenvolvidas pelos trabalhadores são adoptadas e promovidas pela direção da empresa. Por exemplo, o post-it da 3M foi inventado por um empregado antes de ser apoiado e comercializado em grande escala pela direção. Este modelo de intra-empreendedorismo invertido permite valorizar a iniciativa e a criatividade dos trabalhadores no seio da organização.

Gémeos digitais: modelos virtuais de objectos, processos ou sistemas que reflectem fielmente os seus equivalentes físicos. Simular, otimizar e antecipar o desempenho de sistemas reais.

Liderança ágil: O líder adapta-se rapidamente à mudança e incentiva a experimentação e a aprendizagem contínua de novos métodos e abordagens.

Liderança ambidestra: A liderança ambidestra refere-se à capacidade do líder para gerir a exploração (otimização das actividades existentes) e a prospeção (procura de novas oportunidades) de forma equilibrada. Trata-se de uma forma de inovação na liderança porque exige :

- Conjugação e coordenação de duas abordagens por vezes contraditórias: eficiência e inovação
- Adaptar o seu estilo de liderança às necessidades do momento, passando de um papel de controlo para um papel de facilitador
- Criar uma cultura organizacional que encoraje a ambidestria, com espaços dedicados à experimentação. Exemplos de empresas que adoptaram este tipo de liderança: 3M, Google, Amazon.

Liderança colaborativa: O líder facilita a colaboração entre os membros da equipa para atingir objectivos comuns.

Liderança consciente: A liderança consciente envolve o conhecimento de si próprio, dos outros e do contexto. O líder consciente mostra empatia e compaixão e procura encorajar o desenvolvimento dos seus colegas.

Liderança holística: A liderança holística adopta uma visão de 360 graus, tendo em conta o bem-estar global dos trabalhadores (físico, mental, emocional, espiritual). O líder holístico procura desenvolver o potencial de cada um de forma equilibrada.

Liderança partilhada: Em vez de um único líder, a liderança é distribuída dentro de uma equipa, permitindo a tomada de decisões colectivas.

Living Lab: Espaços de inovação abertos e participativos que permitem às empresas, universidades, instituições públicas e cidadãos trabalhar em conjunto para testar, experimentar e co-criar novas soluções e serviços. Por exemplo, o Living Lab da cidade de Malmo, na Suécia, envolve os residentes locais no desenvolvimento de projectos urbanos inovadores, como sistemas de mobilidade sustentável e habitação ecológica. Estas instalações incentivam a inovação da base para o topo e o envolvimento dos utilizadores.

Laboratório vivo comunitário: Uma variação do conceito de laboratório vivo, estes espaços de inovação estão ancorados numa comunidade local, permitindo que os cidadãos concebam em conjunto soluções inovadoras que respondam às suas necessidades específicas. Por exemplo, o Living Lab da cidade de Grenoble, em França, reúne os residentes para conceberem inovações que melhorem a qualidade de vida nos seus bairros, tais como sistemas de jardinagem partilhados ou serviços de mobilidade inclusiva.
Esta abordagem da base para o topo aproveita a inteligência colectiva de uma comunidade.

Literacia digital: A literacia digital refere-se ao conjunto de competências necessárias para utilizar as tecnologias da informação e da comunicação de forma eficaz, crítica e ética. Vai para além do simples domínio das ferramentas digitais.

Literatura especulativa: género literário que explora as consequências imaginárias das mudanças tecnológicas, sociais ou ambientais, estimulando a reflexão sobre futuros possíveis.

Marketing experiencial: Uma estratégia que visa criar experiências memoráveis e cativantes para os consumidores.

Marketing viral: Uma estratégia de marketing que utiliza as redes sociais para amplificar a difusão de uma mensagem.

Materiais inteligentes : Materiais com propriedades "inteligentes" que lhes permitem adaptar-se dinamicamente ao seu ambiente ou a estímulos externos (temperatura, pressão, campo elétrico, etc.), abrindo caminho a aplicações inovadoras.

Medicina regenerativa: domínio da medicina destinado a restaurar, manter ou melhorar as funções de tecidos e órgãos danificados ou deficientes, utilizando células estaminais, engenharia de tecidos ou terapias genéticas.

Metaverso: Conceito de um universo virtual interligado e persistente, acessível através de diferentes dispositivos. Abre caminho a novas formas de experiências imersivas, sociais e económicas.

Microfinanças: Desenvolvidas por pioneiros como Muhammad Yunus e o Grameen Bank, as microfinanças têm por objetivo prestar serviços financeiros a pessoas excluídas do sistema bancário tradicional. Exemplo: o programa de microcrédito do Bank Rakyat na Indonésia.

Aumento de escala: O processo de expansão e implantação de uma inovação bem sucedida em pequena escala numa escala maior.

Modelo empresarial circular: Conceito desenvolvido por especialistas em economia circular, este modelo económico visa repensar completamente os processos de conceção, produção, utilização e fim de vida dos produtos e serviços para minimizar os resíduos e os impactos ambientais.

A Patagonia, por exemplo, adoptou um modelo de negócio circular, oferecendo aos seus clientes a oportunidade de reparar, reutilizar ou reciclar o seu vestuário usado. Este modelo ajuda a alargar o ciclo de vida dos produtos.

Modelo empresarial colaborativo: Conceito teorizado por especialistas em inovação aberta, este modelo económico baseia-se numa lógica de colaboração entre diferentes partes interessadas (empresas, utilizadores, fornecedores, etc.) para co-criar e partilhar valor.

Modelo de negócio concentrador: Conceito desenvolvido por especialistas em estratégia, este modelo de negócio consiste em posicionar-se como um "concentrador" que reúne, liga e põe em contacto diferentes intervenientes de um ecossistema. Por exemplo, a plataforma Amazon estabeleceu-se como um concentrador ao reunir um grande número de vendedores, fornecedores e clientes na sua plataforma, tirando partido dos efeitos de rede.

Modelo de negócio de cauda longa: Teorizado por Chris Anderson, este modelo de negócio visa tirar partido da variedade e da baixa procura de produtos de nicho, complementando os produtos que representam a maioria das vendas. Por exemplo, a livraria em linha Amazon conseguiu desenvolver este modelo de cauda longa oferecendo uma vasta gama de livros, incluindo títulos que não são muito vendidos, complementando assim os best-sellers.

Modelo de negócio de servitização: Conceito desenvolvido por especialistas em economia funcional, este modelo de negócio consiste em vender a utilização de um produto e não o produto em si, oferecendo serviços e soluções adaptados às necessidades dos clientes. Por exemplo, a Michelin vende contratos de mobilidade e manutenção de pneus em vez de pneus, promovendo assim uma lógica de utilização em vez de propriedade.

Modelo empresarial frugal: Um conceito teorizado por especialistas em inovação inclusiva, este modelo empresarial tem como objetivo conceber produtos e serviços acessíveis, simples e sustentáveis, utilizando recursos limitados, para satisfazer as necessidades das populações com baixos rendimentos. Por exemplo, a empresa indiana Tata desenvolveu o Tata Nano, um automóvel de muito baixo custo, adoptando uma abordagem de inovação frugal.

Modelo empresarial multilateral: Teorizado por economistas, este modelo empresarial consiste em ligar diferentes grupos de utilizadores, subsidiando o acesso a um grupo para gerar valor com o outro. Por exemplo, as plataformas de redes sociais como o Facebook oferecem os seus serviços aos utilizadores gratuitamente, ao mesmo tempo que rentabilizam a relação com os anunciantes.

Modelo empresarial orientado para a utilização: Um conceito desenvolvido por especialistas em economia funcional, este modelo empresarial centra-se na venda da utilização de um produto em vez de o vender diretamente. Por exemplo, a Rolls-Royce vende horas de voo em vez de motores de avião, fornecendo manutenção e serviço pós-venda.

Modelo de negócio de plataforma: Um conceito teorizado por especialistas em estratégia, este modelo de negócio envolve a criação de uma plataforma que facilita interações e trocas entre diferentes grupos de utilizadores. Por exemplo, a Airbnb desenvolveu uma plataforma digital que liga anfitriões e viajantes, gerando valor através de comissões sobre as reservas.

Modelo empresarial de inovação inversa: Um conceito desenvolvido por especialistas em gestão da inovação, este modelo empresarial envolve a conceção de produtos ou serviços inovadores em países emergentes, distribuindo-os depois em mercados desenvolvidos.

Por exemplo, o fabricante de automóveis Renault começou por desenvolver o Logan, um automóvel acessível concebido para os consumidores indianos, antes de o exportar com êxito para a Europa.

Modelo de negócio servido: Uma variante do modelo servido, este modelo de negócio tem como objetivo vender serviços e soluções adaptadas às necessidades do cliente em vez de produtos. Por exemplo, a Xerox desenvolveu um modelo de aluguer de fotocopiadoras que inclui serviços de manutenção, gestão de documentos e consultoria, em vez de se concentrar apenas na venda de equipamento.

Modelo empresarial "triple win": Conceito desenvolvido por especialistas em inovação social, este modelo empresarial tem por objetivo criar valor para três partes interessadas: os clientes, a empresa e a sociedade. Por exemplo, a empresa social Grameen Danone desenvolveu um iogurte nutritivo e de baixo custo para as populações pobres, gerando simultaneamente lucros para a empresa e melhorando a segurança alimentar local.

Modelização e simulação multiagente: Técnicas de modelização informática que simulam interações complexas entre múltiplos agentes autónomos (indivíduos, organizações, robôs, etc.), para testar e conceber inovações em ambientes virtuais.

Neurophilosophy: A neurofilosofia estuda as ligações entre o funcionamento do cérebro e questões filosóficas como a consciência, a moralidade e a tomada de decisões. A neurofilósofa Patricia Churchland mostra como as descobertas da neurociência estão a desafiar certos pressupostos filosóficos tradicionais e a abrir novas perspectivas sobre a natureza da mente humana.

Nova economia: Termo utilizado para descrever as profundas mudanças estruturais na economia, caracterizadas pela importância crescente da tecnologia digital, da inovação, da economia do conhecimento e dos serviços. A ascensão das plataformas digitais, a economia colaborativa e a inteligência artificial ilustram esta transição para uma nova economia.

Obsolescência programada: prática que consiste em limitar intencionalmente o tempo de vida de um produto para favorecer a sua substituição mais rápida, conceito estudado pelos especialistas em economia circular. Esta prática está a ser posta em causa por movimentos a favor do prolongamento da vida útil dos produtos e da economia circular.

Compatibilidade de objectivos: A capacidade de uma inovação se alinhar com e contribuir para a realização de objectivos estratégicos, sociais, ambientais ou políticos mais amplos, um conceito desenvolvido por especialistas em gestão da inovação. Por exemplo, diz-se que as inovações ecológicas que reduzem a pegada ambiental são "compatíveis com os objectivos" das questões de desenvolvimento sustentável.

Onboarding: Processo de integração e de apoio aos novos trabalhadores, concebido por especialistas em recursos humanos, para facilitar a sua entrada em funções e a sua adaptação à empresa.

Dados abertos: Um conceito promovido por especialistas em inovação aberta, que se refere ao acesso livre e aberto a dados públicos ou privados, permitindo a sua reutilização para criar novas aplicações e serviços inovadores. Por exemplo, muitas cidades adoptaram políticas de dados abertos para partilhar dados sobre mobilidade, ambiente e planeamento urbano.

Participação dos cidadãos: Abordagem que visa envolver ativamente os cidadãos nos processos de tomada de decisão, teorizada por autores como Jürgen Habermas.

Design Thinking: Um método de resolução de problemas, popularizado pelos designers da IDEO, centrado na empatia, na criatividade e na iteração rápida, destinado a conceber soluções inovadoras, colocando o utilizador no centro do processo de conceção. Por exemplo, a conceção do aspirador robô Roomba baseou-se numa abordagem de design thinking para compreender as necessidades dos utilizadores e desenvolver um produto intuitivo e agradável de utilizar.

Pensamento sistémico: Uma abordagem desenvolvida por teóricos como Edgar Morin, que visa compreender a complexidade dos fenómenos de uma forma holística.

Filosofia do design: Um campo de pensamento que examina as dimensões filosóficas, éticas e existenciais subjacentes aos processos de design e inovação.

Pitch: Um pitch é uma apresentação concisa e persuasiva de uma ideia, projeto ou empresa, destinada a despertar o interesse e o empenho de um público-alvo (investidores, parceiros, clientes, etc.).

Plataforma de inovação aberta: Conceito desenvolvido por especialistas em inovação aberta, que representa um espaço digital ou físico que facilita a colaboração, a partilha de ideias e a co-criação entre diferentes intervenientes (empresas, start-ups, académicos, utilizadores, etc.).

Plataforma multifacetada: Conceito desenvolvido por economistas para descrever um modelo de negócio que liga dois ou mais grupos de utilizadores interdependentes, subsidiando o acesso a um grupo para gerar valor com o outro. Por exemplo, as redes sociais como o Facebook oferecem o seu serviço gratuitamente aos utilizadores finais, ao mesmo tempo que rentabilizam a relação com os anunciantes.

Posicionamento global: Classificação e posição relativa de um país na classificação do GII.

Prova de conceito (POC): Uma fase crucial do processo de inovação, em que uma nova ideia, tecnologia ou solução é testada e validada em pequena escala para provar a sua viabilidade e potencial antes de passar a uma fase de desenvolvimento mais alargada. Esta fase de POC ajuda a reduzir o risco e a aperfeiçoar o conceito antes de uma implantação mais alargada.

Proactividade organizacional: A capacidade de uma organização para antecipar a mudança, identificar novas oportunidades e adaptar-se atempadamente, promovendo assim a agilidade e a inovação. Empresas proactivas como a 3M incentivam as suas equipas a questionar as práticas existentes e a explorar novas vias.

Processo de inovação ágil: Uma abordagem flexível e iterativa para desenvolver inovações, caracterizada por ciclos curtos de conceção, teste e melhoria contínua, um conceito popularizado pelos métodos ágeis nas TI. Esta agilidade permite uma adaptação mais rápida ao feedback dos utilizadores e à evolução do mercado.

Programação genética: Técnica de inteligência artificial inspirada nos mecanismos da evolução biológica, em que os algoritmos geram automaticamente programas de computador ou soluções inovadoras através de um processo iterativo de seleção, cruzamento e mutação. Esta abordagem permite o aparecimento de inovações inesperadas.

Previsão estratégica: uma disciplina desenvolvida por peritos em gestão, que tem por objetivo antecipar e preparar as futuras mudanças no ambiente, nas tecnologias e nos mercados, a fim de orientar as decisões estratégicas e a inovação na empresa. Este pensamento prospetivo ajuda a imaginar novos modelos de negócio e a aproveitar as oportunidades emergentes.

Prospetiva territorial: Uma abordagem da prospetiva aplicada às escalas local e regional, teorizada por autores como Hugues de Jouvenel. Exemplo: Abordagem prospetiva da região Grand Est em França.

Prototipagem rápida: Uma prática derivada do design thinking, que envolve a conceção e o teste rápidos de versões simplificadas de um produto ou serviço para obter feedback dos utilizadores e iterar o conceito. Esta abordagem ágil acelera o processo de inovação através da validação iterativa de hipóteses.

Realidade aumentada: Tecnologia que melhora a perceção do mundo real através da integração de elementos virtuais. Oferece novas possibilidades de interação e experiências inovadoras.

Realidade alargada: Uma abordagem que engloba a realidade aumentada, a realidade virtual e as suas combinações. Permite a criação de experiências imersivas e fluidas entre os mundos físico e digital.

Reconhecimento no trabalho: Conceito desenvolvido por especialistas em motivação e empenhamento dos trabalhadores, que representa a importância de valorizar as contribuições e realizações dos trabalhadores.

Resiliência: A capacidade de um sistema absorver mudanças e reorganizar-se, mantendo as suas funções e estrutura, um conceito desenvolvido por investigadores como C.S. Holling.

Resiliência organizacional: conceito desenvolvido por investigadores de gestão, que representa a capacidade de uma organização para recuperar e adaptar-se a situações de crise ou de mudança. Exemplo
A pandemia de COVID-19 pôs em evidência a importância da resiliência organizacional para muitas empresas.

Resolução de problemas por analogia: Uma técnica de inovação que consiste em inspirar-se em soluções existentes noutros domínios para resolver um problema específico, um conceito desenvolvido por investigadores da criatividade. Por exemplo, os designers de pneus da Michelin inspiraram-se na estrutura das pegadas dos animais para conceberem pisos com melhor aderência.

Resolução dissociativa de problemas: um método de inovação que consiste em questionar as ligações lógicas e as associações habituais de ideias, a fim de imaginar novas perspectivas e soluções, um conceito teorizado por especialistas em criatividade. Esta abordagem permite-lhe pensar fora da caixa e gerar inovações inesperadas.

Resolução incubativa de problemas: técnica de inovação baseada na ativação do processo inconsciente da mente, deixando o problema "incubar" durante um certo período de tempo antes de voltar ao pensamento consciente, um conceito desenvolvido por investigadores da psicologia cognitiva. Este método incentiva o aparecimento de ideias criativas e originais.

Resolução morfológica de problemas: Um método sistemático de inovação que envolve a decomposição de um problema complexo em subproblemas e, em seguida, a recombinação destes elementos de forma original para gerar novas soluções, um conceito teorizado por especialistas em criatividade. Esta abordagem estruturada estimula o pensamento divergente.

Reformulação da resolução de problemas: Uma técnica de inovação que envolve a reformulação de um problema de forma a abrir novas perspectivas e possibilidades de soluções, adoptando um quadro de referência diferente, um conceito desenvolvido por investigadores da criatividade. Por exemplo, reformular um problema de "desperdício alimentar" como uma oportunidade de "economia circular" pode estimular inovações mais sustentáveis.

Resolução de problemas através do questionamento: Um método de inovação que incentiva as pessoas a questionarem os pressupostos, crenças e paradigmas existentes, de modo a encontrarem soluções novas e disruptivas, um conceito teorizado por especialistas em criatividade. Esta abordagem desafia os modelos mentais estabelecidos para estimular o pensamento divergente.

Resolução sinética de problemas: Técnica de inovação que utiliza a analogia e a metáfora para estabelecer ligações inesperadas e gerar novas ideias, um conceito desenvolvido por investigadores da criatividade. Este método incentiva o pensamento lateral e a associação de elementos aparentemente distantes para estimular a inovação.

Responsabilidade Social das Empresas (RSE): Conceito teorizado por investigadores de gestão, que representa o compromisso voluntário das empresas de terem em conta questões sociais, ambientais e éticas nas suas actividades.

Feedback de 360 graus: Recolha o feedback dos empregados, colegas e superiores para melhorar a autoavaliação.

Retrofit: Conceito desenvolvido por especialistas em economia circular, que se refere ao facto de modernizar, atualizar ou transformar um produto existente para lhe dar uma nova vida, em vez de o substituir. Por exemplo, a reconversão de veículos de combustão interna em veículos eléctricos prolonga a vida útil dos automóveis, tornando-os mais ecológicos.

Revolução Industrial 4.0: Conceito que descreve a profunda transformação dos sistemas de produção, teorizado por especialistas em estratégia e gestão e caracterizado pela integração das tecnologias digitais, da inteligência artificial, da Internet das coisas e da robótica nos processos industriais. Esta nova revolução industrial está a alterar os modelos de negócio e as práticas de inovação.

Roteiro tecnológico: Uma ferramenta de planeamento estratégico desenvolvida por especialistas em gestão da inovação, concebida para antecipar futuros desenvolvimentos tecnológicos e identificar oportunidades de inovação a médio e longo prazo. Este mapeamento das trajectórias tecnológicas ajuda as organizações a orientar os seus esforços de inovação de forma coerente.

Caixa de areia regulamentar: conceito emergente, inspirado nas "caixas de areia" informáticas, que se refere a um quadro regulamentar experimental e flexível que permite às empresas inovadoras testar novos produtos, serviços ou modelos de negócio de forma controlada, sem terem de cumprir imediatamente toda a regulamentação em vigor. Esta abordagem tem por objetivo incentivar a inovação, reduzindo as barreiras regulamentares.

Cenários futuros: Um método de exploração de futuros alternativos, utilizado por futuristas como Pierre Wack. Exemplo: cenários para 2050 para o projeto EUFORIE na Europa.

Teoria de Schumpeter: Teoria desenvolvida pelo economista Joseph Schumpeter, segundo a qual a inovação é a principal força motriz do desenvolvimento económico, através da destruição criativa, ou seja, a substituição de modelos económicos antigos por outros novos e mais eficientes. Esta visão da inovação como um processo de renovação permanente influenciou fortemente o pensamento sobre o espírito empresarial e a competitividade das empresas.

Sinais fracos: Conceito desenvolvido pelo sociólogo Igor Ansoff, que se refere a indicações precoces de potenciais mudanças no ambiente.

Sociologia da inovação: Estudo das interações entre as inovações tecnológicas, económicas ou organizacionais e as dinâmicas sociais, culturais e políticas que as moldam.

Soberania alimentar: Conceito promovido por movimentos de agricultores como a Via Campesina, que define o direito dos povos a decidir sobre os seus próprios sistemas alimentares e agrícolas. Exemplo: Iniciativas de soberania alimentar na África Ocidental.

Estratégia do oceano azul: Conceito teorizado pelos investigadores em estratégia Kim e Mauborgne, que designa uma abordagem de inovação de valor destinada a criar novos espaços de mercado não contestados, em vez de enfrentar uma concorrência intensa nos mercados existentes (os "oceanos vermelhos"). Esta abordagem permite libertar-se da concorrência e concentrar-se na criação de valor para os clientes.

Estratégia de nicho: Conceito desenvolvido por especialistas em estratégia para descrever uma abordagem à inovação que envolve o posicionamento num segmento de mercado estreito e especializado, em vez de visar um mercado de massas. Esta estratégia permite distinguir-se da concorrência e responder mais eficazmente às necessidades específicas de um grupo de clientes.

Sistema nacional de inovação: conceito desenvolvido pelos economistas para designar o conjunto das instituições, empresas, universidades e políticas públicas que interagem para promover a inovação num país ou região. Analisar e reforçar estes sistemas de inovação é um desafio estratégico para muitos países.

Tecnologia disruptiva: Um conceito teorizado por Clayton Christensen, que se refere a uma inovação tecnológica que perturba um mercado existente através da introdução de produtos ou serviços radicalmente diferentes e mais eficientes, tornando obsoletas as tecnologias existentes. Por exemplo, a chegada do leitor de música digital portátil perturbou fortemente a indústria dos discos compactos.

Tecnologia emergente : Conceito que descreve uma nova tecnologia em desenvolvimento, cujas aplicações e potencial impacto na sociedade e na economia ainda não são totalmente conhecidas ou dominadas. Por exemplo, a cadeia de blocos, a inteligência artificial e a biotecnologia são consideradas tecnologias emergentes, cujo potencial de inovação ainda está a ser explorado.

Tecnologia frugal: Um conceito desenvolvido por especialistas em inovação inclusiva, que se refere ao desenvolvimento de tecnologias simples, acessíveis e robustas que satisfazem as necessidades essenciais das populações com baixos rendimentos, adaptando-se às restrições locais em termos de recursos e infra-estruturas. Por exemplo, os dispositivos médicos de baixo custo concebidos para os países em desenvolvimento fazem parte desta abordagem de tecnologia frugal.

Tecnologia pervasiva: Um conceito que descreve tecnologias omnipresentes e integradas no nosso ambiente quotidiano, como a Internet das coisas, a realidade aumentada e a inteligência ambiente. Estas tecnologias "penetrantes" estão a transformar profundamente o modo como utilizamos e interagimos com o mundo que nos rodeia, abrindo caminho a novas inovações.

Tecnologia verde: conjunto de tecnologias, produtos e serviços destinados a reduzir o impacto ambiental, um conceito promovido por especialistas como Paul Hawken.

Tecnologia vertiginosa: Conceito que se refere a inovações tecnológicas radicais com impactos potencialmente maciços e imprevisíveis na sociedade, na economia e no ambiente. Por exemplo, o desenvolvimento de uma inteligência artificial geral, capaz de igualar ou ultrapassar a inteligência humana, é considerado uma tecnologia vertiginosa devido às suas consequências sociais incertas.

Teletrabalho: Método de trabalho à distância, conceptualizado por especialistas em gestão, que permite aos trabalhadores realizarem o seu trabalho fora das instalações da empresa. Exemplo: A pandemia de COVID-19 acelerou a adoção generalizada do teletrabalho em muitas organizações.

Teologia da inovação: Abordagem teológica que explora as dimensões espirituais, morais e simbólicas das inovações tecnológicas, sociais e culturais, nomeadamente as suas implicações para a transformação do ser humano e da sua existência.

Turismo sustentável: Uma abordagem turística que minimiza o impacto ambiental e sociocultural, gerando simultaneamente benefícios económicos locais.

Turismo regenerativo: Turismo que visa restaurar, revitalizar e regenerar os sistemas naturais e sociais dos destinos.

Transformação digital: Adoção de novas tecnologias para melhorar a agilidade e a colaboração.

Transhumanismo: Movimento intelectual e cultural que defende a utilização da tecnologia para melhorar as capacidades físicas e cognitivas dos seres humanos, abrindo caminho a inovações biomédicas controversas.

Transição: Processo de transformação a longo prazo dos sistemas sociotécnicos, teorizado por investigadores como Franck Geels. Exemplo: Transição energética com o abandono progressivo da energia nuclear.

Valor partilhado : Conceito desenvolvido por Michael Porter e Mark Kramer, que descreve uma abordagem à inovação que visa criar valor económico, gerando simultaneamente benefícios sociais e ambientais. Esta abordagem baseia-se na identificação de intersecções entre os interesses da empresa e as necessidades da sociedade, permitindo o desenvolvimento de soluções mutuamente benéficas.

Inteligência estratégica: Processo sistemático de observação e análise do ambiente externo (competitivo, tecnológico, regulamentar, etc.) para identificar sinais fracos, tendências emergentes e oportunidades de inovação numa fase inicial. Este conceito foi desenvolvido por especialistas em gestão da inovação. Esta inteligência alimenta o pensamento estratégico e orienta os esforços de inovação.

Zero resíduos: Conceito promovido por movimentos de cidadãos e especialistas em economia circular, que visa repensar os padrões de produção e consumo para eliminar completamente os resíduos, inspirando-se nos ciclos naturais.
Esta abordagem holística da inovação sustentável orienta muitas iniciativas de conceção ecológica, reutilização e reciclagem.

Zona de aprendizagem proximal: Conceito desenvolvido pelo psicólogo Lev Vygotski, que se refere à diferença entre o que um indivíduo pode alcançar por si próprio e o que pode alcançar com a ajuda de uma pessoa mais experiente. Esta zona de desenvolvimento potencial é crucial para estimular a inovação, colocando indivíduos ou equipas em situações desafiantes que são ligeiramente superiores às suas competências actuais.

Zona de inovação: Conceito que designa um espaço geográfico delimitado, público ou privado, que reúne uma concentração de empresas inovadoras, centros de investigação, viveiros de empresas e infra-estruturas que favorecem a colaboração e o aparecimento de novas iniciativas. Por exemplo, os pólos de competitividade, os tecnopólos e os distritos de inovação são zonas propícias à inovação.

Zona franca de inovação: Conceito emergente que designa um território definido que beneficia de um quadro regulamentar e fiscal específico, com o objetivo de atrair e facilitar o estabelecimento de empresas inovadoras. Estas zonas francas oferecem geralmente vantagens em termos de fiscalidade, de propriedade intelectual ou de acesso a talentos, com o objetivo de estimular a inovação e o empreendedorismo.

Zoom in / zoom out: Técnicas de inovação derivadas do design thinking, que envolvem a alternância entre uma abordagem "zoom in", centrada nos detalhes e na experiência do utilizador, e uma abordagem "zoom out", centrada na visão global e nas questões estratégicas. Esta abordagem de ida e volta ajuda a aperfeiçoar as inovações, alinhando-as com os objectivos mais amplos da organização.

BIBLIOGRAFIA SELECTIVA

1. Christensen, C. M. (2015). Disruptive innovation (Inovação disruptiva). Pearson.

2. Geels, F. W. (2004). Da coexistência de regimes sócio-técnicos às transições de sistemas. Cahiers du CERC, (1), 5568.

3. Habermas, J. (1997). Direito e Democracia: Entre Factos e Normas. Gallimard.

4. Hawken, P. (2011). A ecologia do comércio: um manifesto para uma economia sustentável. Éditions d'Organisation.

5. de Jouvenel, B. (1964). L'art de la conjecture. Éditions du Rocher.

6. Kim, W. C., & Mauborgne, R. (2010). Blue Ocean Strategy. Pearson.

7. Moleka, P. (2024). Innovationology: Explorando uma ciência emergente. Tomo 1.

8. Moleka, P. (2024). Innovationology: Explorando uma ciência emergente. Tomo 2.

9. Moleka. P. (2024). Holistic Transformation of the Democratic Republic of Congo: Innovative Model and Roadmap for Sustainable and Multidimensional Prosperity (Transformação holística da República Democrática do Congo: modelo inovador e roteiro para uma prosperidade sustentável e multidimensional).

10. Porter, M. E., & Kramer, M. R. (2011). Criação de valor partilhado. Harvard Business Review, 89(1/2), 62-77.

11. Sarasvathy, S. D. (2005). What Makes Entrepreneurs Entrepreneurial? Darden Business Publishing.

12. Thaler, R. H., & Sunstein, C. R. (2010). Nudge. A forma suave de inspirar a decisão correta. Vuibert.

13. Rees, W. E., & Wackernagel, M. (1999). A nossa pegada ecológica. Écosociété.

14. Yunus, M. (2007). Rumo a um mundo sem pobreza. JC Lattès.

MIX
Papier aus verantwortungsvollen Quellen
Paper from responsible sources
FSC® C105338

Printed by Books on Demand GmbH, Norderstedt / Germany